I0037254

Negocio Inmobiliario al por Mayor:

La manera más Rápida para Aprender a ser un Inversionista Experto de Bienes Raíces y Conseguir Ofertas al Apalancar el Dinero de Otras Personas

Por

Income Mastery

© Copyright 2019- Todos los derechos reservados.

El siguiente libro se escribe con el objetivo de proporcionar información lo más precisa y confiable posible. En cualquier caso, la compra de este libro toma en cuenta que, tanto el editor como el autor, no son expertos en los temas tratados y que las recomendaciones o sugerencias que se hacen aquí son solo para fines de entretenimiento. Profesionales deben ser consultados según sea necesario antes de emprender cualquiera de las acciones aquí mencionadas.

Esta declaración se considera justa y válida tanto por la American Bar Association como por el Comité de la Asociación de Editores y se considera legal en todos los Estados Unidos.

Además, la transmisión, duplicación o reproducción de cualquiera de los siguientes trabajos, incluida la información específica, se considerará un acto ilegal independientemente de si se realiza de forma electrónica o impresa. Esto se extiende a la creación de una copia secundaria o terciaria del trabajo o una copia grabada y solo se permite con el debido consentimiento expreso por escrito del autor. Todos los derechos adicionales reservados.

La información en las siguientes páginas se considera, en términos generales, como una descripción veraz y precisa de los hechos y, como tal, cualquier falta de atención, uso o mal uso de la información en cuestión por parte del lector hará que las acciones resultantes sean únicamente de su competencia. No hay escenarios en los que el editor o el autor de este libro puedan ser considerados responsables de cualquier dificultad o daño que pueda ocurrirles después de realizar la información aquí expuesta.

Además, la información en las siguientes páginas está destinada únicamente a fines informativos y, por lo tanto, debe considerarse como universal. Como corresponde a su naturaleza, se presenta sin garantía con respecto a su validez prolongada o calidad provisional. Las marcas comerciales que se mencionan se realizan sin consentimiento por escrito y de ninguna manera pueden considerarse como auspicios de la misma.

Table of Contents

Introducción:

Históricamente nos hemos encontrado carteles de "Se busca" por la calle y, como si la casa tuviera vida propia, no imaginamos los procesos de negocios que se esconden detrás de la venta de cualquier inmueble. De alguna manera, es cierto que las casas son una entidad que late en el corazón de las locaciones donde yace. Se podría decir que la arquitectura es otra de las artes vivas, si bien es cierto que el ser humano habita los inmuebles, también es verdad que los inmuebles habitan al ser humano.

Hoy en día existen coaches inmobiliarios que te enseñarán los pasos a seguir para transformarte en un experto en bienes raíces, de cualquier forma, todas las herramientas y técnicas están a la mano y a tu completa disposición, si te interesa profundizar en tus conocimientos y cambiar el rumbo de tu carrera profesional. De hecho, este es uno de los beneficios del mercado inmobiliario en relación con otro tipo de negocios, la única formación que necesitas está en el mercado en sí, incluso si ya tenías una formación académica en otro ámbito o si no has recibido ninguna en lo absoluto, en el negocio de los bienes raíces podrías tener un futuro prometedor, siempre que te comprometas a cultivar una mentalidad de ganador, de alguien que desea volver su vocación en una actividad rentable a largo plazo y, para esto, existen muchas estrategias que aprenderás a continuación.

Ahora, debes tener en cuenta que el mercado inmobiliario puede ser más amplio de lo que crees, es decir, por supuesto que puedes (y debes, probablemente) empezar con clientes particulares que te comprarán las habitaciones, apartamentos, viviendas necesarias para ellos y no más. Digo esto a modo de introducción al mundo de los bienes raíces al por mayor, no tiene nada de malo comprar viviendas particulares, pero podrías pensar más allá, piensa que podrías estar vendiendo edificios completos y ganando más dinero del que podrías lograr en el mercado regular.

Usualmente, el mercado al por mayor está destinado a inversionistas que apuntan alto y no se detienen hasta lograr sus objetivos. Existen inmobiliarias específicamente destinadas a este tipo de inversiones en edificios, por ejemplo, en el caso de España, existe la inmobiliaria Kinos, la cual es sumamente rentable en su área y podría ser una gran inspiración para ti, si deseas iniciarte en este tipo de trabajo a mediano y largo plazo.

De cualquier forma hay que empezar en algún lugar. No es realista pensar que entrarás al mercado sin mayor capital inicial y dispuesto a vender edificios enteros.

Empieza poco a poco, pero no pierdas de vista tus metas reales y tus necesidades como emprendedor. Asimismo, debes considerar aprovechar todos los beneficios maravillosos del siglo XXI y sus implicaciones digitales en el medio laboral en el cual deseas desempeñarte. No tiene sentido permanecer con viejos métodos como repartir folletos en centros comerciales, hoy en día el mundo inmobiliario se mueve a pasos agigantados vía internet, es un mundo a desarrollar que te espera a un click de distancia, no sólo es más efectivo, es también mucho más económico y contribuye a la rentabilidad que desea, tendrás acceso a un montón de compradores interesados, con los cuales podrás ir adquiriendo más experiencia antes de dar el gran paso hacia los bienes raíces al por mayor.

Tomar lo mejor de las ofertas de internet es lo que te permitirá encontrar los clientes que forjarán tu perfil como inversor y te darán la reputación que necesitas para triunfar y así, no volver a mirar hacia atrás nunca más, no regresarás a tus antiguos trabajos que no te daban mayores ganancias, sino que irás aprendiendo cómo posicionarte en un mercado laboral determinado.

Empezar en este negocio, así como en cualquier otro, implica riesgos potenciales que deberás gestionar de manera inteligente y responsable, lo cual será útil en tu vida de cualquier manera, independientemente de tu futuro en los bienes raíces, realmente este tipo de ambientes laborales suelen fluctuar de acuerdo a los precios y la economía, debes tener paciencia cuando los precios de inmuebles bajen y no tomar decisiones apresuradas motivadas por la desesperación de ser parte de transacciones que, a largo plazo, no te generarán mayores ganancias. Si sabes esperar y operar desde la razón, siempre encontrarás oportunidades a tu paso.

Por otro lado, debes informarte antes de dar el salto, muchas personas ya han intentado lo que tú pretendes hoy en día y por tal motivo, no tiene sentido ignorar estas experiencias que podrían enriquecer tu aprendizaje y evitar errores comunes y predecibles, observar es la forma más sencilla de adquirir nuevos conocimientos, sobre todo si lo haces en función de dar un giro a tu vida profesional.

Esperamos que los conocimientos por recibir en el presente libro te sean de gran ayuda y te motiven a encaminar tu profesión hacia los lugares que siempre has soñado. El mundo de los bienes raíces es muy competitivo, pero precisamente por la gran abundancia de personas mal informadas, desesperadas por figurar en este sector laboral, las personas realmente capacitadas y con un alto sentido de la ética, pueden tener mayor nivel de éxito y rentabilidad.

Capítulo 1: Primeros pasos.

Si bien ya has dado un gran primer paso, que es buscar información y ayuda, el hecho de que estés leyendo este libro es una prueba de ello, no debes quedarte aquí únicamente. Podría decirse que el primer paso a dar para ingresar al mundo inmobiliario es, primero, concientizar que este es el camino que, de hecho, deseas seguir y así, podrás andar con la seguridad requerida para tener una introducción amable en estos negocios. Aprender lo elemental de marketing inmobiliario te dará excelente punto de partida para conseguir tus objetivos, el marketing online es lo mejor para asentar las bases de un negocio estable.

Usar las herramientas digitales dispuestas en internet (Copriwriting, YouTube, Redes Sociales, etc.) es lo mejor que puedes hacer para darte a conocer y conectar con personas que te llevarán al siguiente nivel. Debes empezar a construir una reputación y a generar una base de clientes, más o menos, estables, así como también de inversores que crean en tu potencial y tengan los recursos para apoyarte en tus negocios, debes pensar en crear alianzas que sean viables y posibles de mantener en el tiempo.

Igualmente, debes tantear la temperatura del mercado antes de lanzarte a iniciar ventas. A veces el mercado está en un estado neutral, otras veces está más frío e infértil, por lo tanto, tomarte un momento para deducir esto te dará la ventaja sobre otros vendedores impulsivos y apresurados. Muchas personas ven sus viviendas como hogares, lo cual está bien y es muy loable, pero es fundamental entender las locaciones privadas como inversiones, una casa, un apartamento o un edificio siempre debe ser visto como más de lo que aparenta: es dinero con un valor negociable, pero esencial para ti.

Dependiendo de lo que te convenga en el momento, la temperatura del mercado puede ser beneficiosa o no para ti. Por ejemplo, un mercado frío puede ser conveniente para los compradores, es lo mejor para un comprador, ya que el vendedor asume la mayoría de los gastos de las transacciones y está dispuesto a negociar, naturalmente, entonces todo está inclinado a favor del comprador, pues tiene más opciones y posibilidades, esto le da elasticidad a la hora de negociar. Podría ser que, como vendedor, quieras establecer una base sólida de clientes y tal vez vender propiedades que deseabas sacar del inventario desde hace algún tiempo, todo puede ser beneficioso si das un giro de perspectiva.

Una buena forma de tantear si el mercado está beneficiando a compradores o vendedores es observar cuánto tiempo tienen las propiedades en venta, es decir, cuando una propiedad tiene más de seis meses a la venta sin ser comprada, entonces es válido asumir que es un mercado de compradores frío. Cuando el mercado está caliente, las propiedades no suelen durar demasiado tiempo ofertadas y los compradores no pasan demasiado tiempo haciendo inspecciones, si bien es un derecho amparado por las leyes de cualquier país, el tiempo de duración de estas inspecciones varía según el comprador y sus necesidades fundamentales.

Lo ideal es aprovechar la neutralidad del mercado cuando ocurre. Un mercado neutro tiene el equilibrio ideal para compradores y vendedores, tiene tasas de interés justas y viables para ambas partes, no hay giros de precios demasiado violentos, en un mercado neutral las ventas pueden concretarse en un mes o un mes y medio, todo esto es de gran relevancia a la hora de emprender tus primeros pasos en este negocio, así que atiende a estas instrucciones básicas y mejora tu posición laboral, económica y personal.

Capítulo 2: Publicidad de bienes raíces.

A la hora de empezar en el negocio inmobiliario es vital que des el paso de invertir en publicidad. Esto aumentará tu visibilidad y credibilidad en el mercado, no puedes vender algo que nadie sabe que estás vendiendo, especialmente si eres un vendedor independiente, recuerda que la verdad es que estás compitiendo con las grandes empresas inmobiliarias que participan en el mercado con un gran capital y con una red de contactos que no ha sido construida de un día para otro y que no sólo ha dependido de los conocimientos de una persona, sino de todo un equipo de trabajadores. Entonces, tú como competidor debes recrear estos elementos con los recursos que tengas a la mano. Usa el internet a tu favor, es lo más razonable e inteligente que puedes hacer, así podrás ingresar en el mercado sin demasiado capital y darte a conocer poco a poco.

Si bien internet parece lo más fácil del mundo, hacer publicidad en este medio tiene sus pasos a seguir y sus métodos particulares para lograr los objetivos. Lo primero que tienes que plantearte es el propósito exacto de la publicidad, cada anuncio tiene una finalidad que debes aclarar antes de publicarlo. Una vez aclarado esto, tienes que pensar en atrapar a tus posibles clientes, esto lo lograrás a través de un título llamativo, capaz de captar la atención de cualquiera que lo lea, debe ser un enunciado lo suficientemente seductor para cualquier grupo generacional o para cualquier tipo de persona (solteros, casados, estudiantes, inversionistas). Igualmente, debes saber que no serás el único trabajador inmobiliario ofertando sus servicios, así que este anuncio debe no sólo ofrecer tus servicios sin más, sino que debe diferenciarte del resto, desde el primer momento en que el público tenga contacto con tu anuncio debe quedar claro cuáles son tus servicios, qué tipo de servicios son y, más importante, qué tipo de trabajador eres tú. Todo esto con una imagen y un enunciado.

Ahora bien, siempre debes mantener en perspectiva cuáles son tus motivos para hacer publicidad, esto tal vez parezca una obviedad, ciertamente es el campo laboral que has elegido y debes darte a conocer, simplemente, pero ayudará a tu negocio que le busques un propósito más allá, algo que le dé sentido a tu trabajo, ya que esto te comprometerá incluso más de lo que ya estás. Cuando enfocamos nuestros esfuerzos hacia los demás y no únicamente a nuestras ganancias personales, lo hacemos desde la ética profesional con mucho más seguridad, cosa que siempre debes mantener cerca en tu conciencia.

No puedes dejar tu publicidad al azar de la web. Actualmente hay millones de agentes y empresas inmobiliarias (buenas, regulares y, honestamente, malas) en todas partes. De manera que es válido preguntarse ¿por qué debo tomar mi teléfono móvil y buscar a este agente particular, en lugar de otros? ¿Únicamente porque su publicidad me dice que lo haga? Pues eso es exactamente lo que debes responder con la misma, debe haber un motivo sólido detrás. Esto se puede lograr a través de una estrategia de publicidad lo suficientemente consistente para mantenerse por sí sola en el gran vacío de internet.

Es posible que todos los usuarios ya hayan escuchado millones de veces que los agentes inmobiliarios que están ofreciendo sus servicios particulares son los mejores agentes del área, los más expertos en el tema, los que mejor sabrán manejar su capital, en fin, ha llegado el punto en que estas palabras ya carecen de sentido y debes cambiar de estrategia, debes ser mucho más específico. Tienes que hacer un trabajo de imaginación y pensar ¿Cuáles son los miedos de mis clientes? ¿En qué puedo ayudarlos? ¿Soy capaz de cambiar sus vidas con mis productos?, si es así, ¿cómo puedo hacerlo y dárselo a entender rápidamente? Al responder estas preguntas, tendrás los enunciados lapidarios que requieres para captar tus clientes.

Observa el área de trabajo y plantéate cuáles son las desventajas de la misma, ser honesto te dará una ventaja frente a la competencia que no sale de la espiral de "ser los mejores en el tema", reconocer las fallas de una locación y plantearlas sin derrotismo, sino como una potencial virtud a largo plazo te diferenciará de los demás. Decir, por ejemplo, "entendemos que esta locación no es la más céntrica de la ciudad, pero tiene privacidad y silencio, perfectos para empezar una familia con tranquilidad y, también, estar cerca de la ciudad y la diversidad que la distingue" le dará seguridad a tus clientes de que sus necesidades están siendo tomadas en cuenta por ti.

Si bien podrías iniciar desde las redes sociales, lo cual es lo más recomendable por ser lo más económico y efectivo, existen empresas que pueden ayudarte específicamente con este tema, recuerda que estás compitiendo con grandes empresas, así que una pequeña inversión inicial te puede ayudar a posicionarte en el mercado, en tal sentido, recomendamos la empresa Panda Estates, la cual te puede dar la reputación que necesitas para ser un competidor de nivel. Esta empresa (y muchas otras como ella, esta es sólo una recomendación particular) están especializadas en la inversión inmobiliaria a nivel internacional, así que previo a entregar tu anuncio a una empresa de este tipo, tal vez deberías saber de antemano cuál es el posible interés que despertará tu servicio y cómo puedes promocionarte independientemente.

Entendemos que es difícil hacerlo cuando todavía te estás forjando una base de clientes y no tienes suficiente feedback, pero enfocar tu publicidad en *tus* servicios es un primer error muy común, debes partir de tus clientes potenciales y *sus* necesidades, debes ofrecerles algo que pueda interesarles a ellos, en vez de enfocarte en lo que crees que te identifica o cómo crees que te perciben los otros, debes darle a otros lo que realmente quieren obtener de un servicio, debes tener un producto de interés y ese debe ser tu gancho de atracción. Podrías captar la atención del público si partes de un tema de actualidad o un evento interesante que pueda ser atractivo para tus posibles clientes, pero debes orientar esto al tema inmobiliario, claramente.

También puedes empezar a utilizar algún portal especializado en este tipo de contenido y publicar información divulgativa sobre las leyes de tu país en relación con las hipotecas o impuestos, así estarás empezando a guiar a tus potenciales clientes y se sentirán más inclinados a tomar tus servicios, por encima de otros que sólo dicen saber más y no aportan nada más. Ser un asesor competente es lo primero que puedes ofrecer como trabajador en esta área, ofrecer seguridad es mucho más efectivo que palabras sin impacto real en la vida de tus clientes.

El titular o el encabezado puede hacer la diferencia con tu público, la redacción de un buen encabezado es lo que hará que puedas posicionarte de manera asertiva en el mercado laboral. Si el encabezado no es atractivo, simplemente nadie va a leerte. Debes atender a tres factores clave a la hora de redactar un anuncio exitoso para este mercado. El primero es el encabezado, ya que es el punto de partida hacia el punto que quieres demostrar, después debes considerar la imagen de los inmuebles que estás ofertando, es cierto que una imagen vale más que mil palabras y no debes olvidar esta frase, si tus imágenes se ven poco profesionales, nadie va a confiar en tus servicios, incluso si el encabezado es magnético para el lector. Tus clientes deben sentirse identificados con lo que redactes en el encabezado, de manera que lo lean y directamente sientan que son tu target y que es un llamado difícil de ignorar.

Otro consejo que es fundamental atender a la hora de establecer una estrategia publicitaria es la fotografía de tus productos ofertados. Muchos clientes suelen quejarse de que les muestran imágenes maravillosas de propiedades y cuando se acercan a verlas en persona son totalmente distintas a lo que aparentaban en fotos, esto es similar a lo que ocurre con los perfiles de portales de citas, las personas aparentan ser algo que dista significativamente de lo que son en realidad, así se pierde credibilidad y tu posicionamiento puede resentirlo. Sin embargo, sí debes tomar esta estrategia y explotar lo mejor de ella, es decir, tomar tus puntos a favor y darles el foco de atención a nivel visual, no se trata de fingir ni mentir, sino de saber venderte. Consigue alguien que pueda tomar fotos de calidad de las propiedades que ofreces, un fotógrafo profesional y de confianza, pero también alguien que entre dentro de tu presupuesto inicial, debes ver esto también como parte de tu inversión para convertir tu negocio en uno realmente competitivo.

Muchos expertos coinciden en que lo más importante es la foto, además de que es mucho más rentable venderte con fotos cuando múltiples portales cobran basados en la cantidad de palabras o caracteres a publicar. Es un error pensar que puedes utilizar imágenes sin más o palabras por sí solas, debes integrar ambos elementos para conseguir un mejor resultado. Popularmente se prioriza la imagen y esto, hasta cierto punto, tiene gran relevancia, pero tú debes pensar más allá y mantener un enfoque eficiente sobre el equilibrio entre palabras y estética visual, sólo así tendrás el alcance que necesitas para garantizar un perfil ideal como trabajador en bienes raíces. ¿Quieres que tu anuncio haga soñar a tu cliente con las posibilidades por venir? Esa es la idea, en cada anuncio hay un ensueño por vender y está a un click de distancia, parece fácil y, aunque no lo es, tampoco debe ser tan complicado.

Los clientes tienen imaginación y esto es inevitable, debes tomar tus precauciones al respecto. Como te dije, debe haber una integración cohesiva y realista entre ambos elementos a utilizar, la imagen debe ser favorecedora, pero debe estar acompañada de una descripción que lleve a tierra al comprador y le dé los datos que necesita para tomar su decisión. Buenas fotos atraerán personas que requieran información, pero un buen texto de por medio hará que estas personas se acerquen con preguntas más específicas y una dirección clara de qué están buscando, lo que hará que tus respuestas los guíen mejor y tengas más cercanía con el cliente, incluso si termina por no comprar finalmente, estas son las interacciones que necesitas para asentar una base sólida y una red de contactos eficiente. El protagonismo no debe estar en la foto, sino en la palabra que la acompaña, es un tanteo interesante, aunque un poco complejo de lograr.

Un texto mediocre acompañado de una fotografía hermosa y profesional es tan inconsistente y repulsiva como un edificio en malas condiciones, debes crear una publicidad coherente con los productos que venden, debes procurar que tu imagen como vendedor esté en sintonía con lo que, de hecho estás vendiendo, esto significa que no puedes descuidar ningún aspecto de la publicidad, ni poner por encima un elemento sobre otro, todo es vital y significativo a la hora de captar audiencia.

Palabra e imagen son dos caras de la moneda de tu credibilidad. Tu credibilidad es tu divisa más preciada, debes ponerla en valor, así como valoras a tus clientes o tu capital.

El texto que utilices debe incitar al comprador, no sueltes todo en un párrafo, la idea es cultivar curiosidad, pero mostrar beneficios más que simples características de una vivienda o una locación, lo que quieres es demostrar cómo este lugar mejoraría la vida de quien la compre, no limitarte a describirla, ya eso lo hace la mente por sí sola al ver la foto. Nunca va a ser funcional darle todo el foco a las imágenes, debes complementarlo siempre con palabras que las eleven. La publicidad, por muy buena que sea, no hará que vendas nada, lo importante es que atraerá gente a ti y tú eres quien tiene el poder de movilizar un negocio y vender lo que sea.

Igualmente, las fotos en cuestión deben alternar entre vistas del interior de la propiedad y vistas del exterior de la misma, deberían ser más de dos, pero no más de cuatro. Debes contar con un texto descriptivo que se centre en los beneficios, más que en las características literales de la propiedad (aunque con esto no te quiero decir que las ignores por completo, obviamente deben estar, sólo no te extiendas demasiado en esta parte) haz lo que tengas que hacer, siempre desde la honestidad, por supuesto, todo con motivo de crear curiosidad, la curiosidad es vital para que las llamadas lleguen y las visitas se concreten. Este texto no debe pasar de las 150 palabras, de esta manera, tus clientes no se fastidiarán rápidamente, leerán toda la información y -lo más importante- querrán saber más.

Es muy fácil decir que una imagen vale más que mil palabras, quedarte con eso y simplemente invertir en un buen fotógrafo o una buena cámara y tomar fotos tú mismo (no digo que no hagas esto, claro que sí, pero ve más allá). Ponte en los zapatos del comprador, ponte en el lugar de tu cliente, a la hora de ser el que va a invertir dinero en un posible negocio, digamos que estás comprando para venderla después y tener un margen de ganancia o si alguien está comprando una vivienda en donde planea vivir, en fin, cualquier tipo de comprador, en general, cualquier persona que está comprometiendo su dinero para una compra tan grande como una propiedad, realmente no está quedándose con la información de las fotos, está leyendo las letras pequeñas del contrato y, posiblemente, todo el subtexto que yace entre las líneas del texto.

Si un posible cliente no está leyendo la descripción de la propiedad que ofreces es porque es tan aburrida que ni siquiera alguien que posiblemente invierta miles de dólares en comprar algo como lo que estás vendiendo está dispuesto a terminar de leerlo. Hay demasiado en juego como para perder dinero en párrafos aburridos, las palabras tienen dinamismo, debes confiar en ellas y en el movimiento que crean en la imaginación de los lectores. Estás creando algo, además de textos descriptivos e imágenes estéticas, estás construyendo la base de tu negocio y, de esta manera, estás creando una estabilidad profesional que debe sostenerte, esta misma estabilidad debe sostener también tu red de contactos a partir de clientes satisfechos dispuestos a recomendarte y defenderte a toda costa por encima de la competencia tan ardua que se encuentra en este ámbito.

Es recomendable que en tu texto trates de apelar a los sentimientos de los lectores, una propiedad es una compra importante, no es algo que la gente se tome a la ligera, ni siquiera los inversionistas más neutrales emocionalmente, entonces, tu texto debe estar basado en este tipo de emociones fuertes como si en esa casa estuviera el secreto de la felicidad y la decisión de comprarla o no garantizará mucho más que una transacción de negocios, esto no es simplemente una ilusión de humo, todo lo vas a sustentar con la descripción y los beneficios, pero primero debes atraparlo y eso lo lograrás con las emociones.

Siempre que te dirijas a tu público de manera clara y sin rodeos, esa será la reacción que recibirás, obtendrás un feedback igualmente claro y contundente. Evita las expresiones demasiado rebuscadas, las palabras compuestas o complicadas de entender en un sólo vistazo, tu acercamiento debe ser simple, honesto y efectivo. La honestidad realmente te llevará lejos en este negocio que está repleto de personas deshonestas que intentan venderse de forma exagerada y terminan decepcionando a sus clientes, las promesas incumplidas van a llevarte a tener detractores, lo cual es la publicidad negativa más fácil de conseguir si se acciona de manera equivocada, diferenciarte de ellos te irá subiendo de nivel poco a poco, además de que esta es la vía más profesional, responsable y ética, así que no debes mirar hacia los lados, ni perder el foco del método que te va a posicionar.

El texto que sigue al encabezado debe estar bien redactado y ser especialmente claro, no te dejes perder con frases extravagantes que desenfoquen tu objetivo. La idea es que tu público se sienta atrapado (en el buen sentido) por tu anuncio, que no puedan parar de leerlo, que inevitablemente se establezca esta primera alianza a través de la palabra. Estamos seguros de que tienes mucho que decir, mucho que ofrecer y quieres hacerlo saber en un solo anuncio, pero mantén un único foco de atención en tu anuncio, desarrolla un tema a la vez, un producto a la vez es más efectivo que todo tu catálogo de ofertas. Debes priorizar tus atractivos como negocio y atender lo urgente antes, sin descuidar lo importante.

Una vez que ya hayas establecido los recursos necesarios para publicar un anuncio profesional, debes preguntarte por qué tu público lo contestaría inmediatamente ¿qué es eso que los está llamando a la acción? Al final, ese es tu objetivo real, que aquello que vieron en el anuncio los motive a accionar en función de sus necesidades y tu ofrecimiento. Puedes categorizar tu contenido de acuerdo a tus clientes potenciales, lo que le va a llamar la atención a clientes extranjeros no es lo mismo que podría interesarle a clientes locales, ni lo mismo que desean posibles inversionistas al por mayor. Crear secciones y categorías sobre esto te dará una imagen más organizada y profesional, además de que visualmente es mucho más atractivo este tipo de contenido.

Una vez que hayas atraído público, la parte más importante es crear tu red de contactos. Luego de que empiece a sonar el teléfono, cuando comiences a recibir llamadas de personas interesadas en tus servicios, debes anotar todos esos números y crear una base de clientes o clientes potenciales. Incluso si estas personas no compran directamente, nunca debes descartarlos de entrada, ya sabes que son personas interesadas en comprar lo que estás vendiendo, ya sabes lo más importante: están buscando. Si en este momento no compran lo que estás ofreciendo, no te desanimes, cada vez que tengas algo nuevo que ofrecer debes buscar contactar nuevamente a todas estas personas que ya sabes que necesitan este tipo de productos, tal vez ellos no los vayan a comprar ahora, pero si se mueven en estos círculos y siempre actúas con responsabilidad, podrían recomendarte y dar tu contacto a otros compradores conocidos que sí estén comprando y así irás aumentando tu red de clientes. Piensa que cada contacto que encuentres en el camino es un ladrillo en una pared que poco a poco será un edificio completo, la construcción de tu futuro profesional y tu estabilidad económica, tu perfil como trabajador se va edificando con contactos, así que valóralos y respétalos desde un principio, este es el fin último de tu publicidad, cosa que jamás debes perder de vista.

Es muy importante que clarifiques un llamado a la acción eficiente. Cuando redactes la información de tu anuncio, debe estar claro para el lector de qué se perdería si no sigue el llamado a la acción que estás realizando, debe haber una apuesta evidente, es decir, hay algo en juego, atender a esto le daría un beneficio a tu cliente y desatenderlo le haría perder algo, todo es parte de una balanza que tú debes visibilizar, esa es tu gran tarea. Tus negocios deben sostenerse con base en objetivos realistas, lograrlos depende de mostrarlos a tus clientes de manera eficiente, sin pretensiones. David Ogilvy, un experto en publicidad de bienes raíces era un fiel creyente de la importancia de un llamado a la acción lo suficientemente breve como para no perderse en la vista rápida de un cliente, pero lo suficientemente atractivo como para no poder dejarse pasar de largo por nadie.

Capítulo 3: Restauración y renovación.

Una de las estrategias más utilizadas y recomendadas por inversionistas es la de la restauración de propiedades antiguas para, posterior a la renovación, venderlas con un precio mayor en el mercado. Es común comprar bloques enteros y luego venderlos de forma integral o, incluso, vender o alquilar las oficinas, habitaciones de forma particular.

Por supuesto que existen momentos específicos del mercado en que esta estrategia es más o menos rentable, de acuerdo a la situación económica del contexto social, además también depende de las posibilidades de construcción en algunas zonas que pueden ser más complicadas que en otras, por ejemplo, los centros de las ciudades pueden ser zonas que, una vez restauradas se venden bien, pero lograr materializar dichas renovaciones puede ser sumamente complicado y constituir un proceso tan lento que muchos inversionistas creen que no vale la pena, realmente. Algunos expertos consideran que para que este tipo de ofertas tengan una rentabilidad real, deben bajar sus precios, es cierto que los precios son un factor determinante a la hora de realizar una compra, pero igualmente, el vendedor debería partir de la recuperación del capital invertido en la recuperación y de ahí en adelante, negociar con los potenciales compradores.

La restauración de propiedades no sólo es un beneficio económico, sino cultural. Recuperar edificaciones que han sobrevivido al recorrido inminente del tiempo es una ganancia para la ciudad o la locación en cuestión, adaptar el encanto antiguo de un edificio y no ignorar las huellas del pasado, sino transformarlas en la estrategia proyectual de una edificación en cuestión. Por ejemplo, los edificios en Múnich sufrieron grandes quiebres durante la segunda guerra mundial, algunos incluso se cayeron durante los bombardeos, a la hora de levantar la ciudad nuevamente, los arquitectos y urbanistas encargados de revitalizar la locación tuvieron que decidir si tumbar los edificios y empezar de cero o, reconstruir la ciudad en función de su historia. Resolvieron reconstruir los edificios y realzar las grietas de los edificios en lugar de esconderlas, así parecen las heridas de la guerra y los habitantes de ese lugar tendrán presente en todo momento el peso del pasado para no volver a repetirlo, de esta manera, en la reconstrucción inmobiliaria podemos encontrar algo más que estrategias financieras, más bien, declaraciones humanas y políticas que tienen trascendencia en la sociedad de quienes viven en aquellos lugares.

Para hacer las restauraciones rentables y posibles debe haber también un interés histórico en el área a restaurar, este interés histórico hará que el potencial se transforme y vaya creciendo hasta tener un interés arquitectónico, urbanístico, empresarial y mucho más. Lo ideal es que las zonas urbanas tengan vida y para lograr esto, es un error poner todos los conjuntos del mismo tipo encapsulados en un mismo lugar, es decir, que estén todos los colegios en una misma zona, todas las oficinas en una misma zona, todas las viviendas en una misma calle, todo eso hace que el espacio pierda dinamismo y a ciertas horas esté muerto y de esta manera, la experiencia urbana pierde vitalidad, además de que el mercado inmobiliario en esas zonas está propenso a estancarse una vez que ya se hicieron las construcciones pertinentes, las locaciones deberían permanecer en un constante latir y es ese pálpito el que le da movimiento al mercado.

Este tipo de proyectos deben ser realizados velozmente, ya que son logísticas que tienden a vencerse rápidamente y si no se hacen de forma eficiente, se genera un círculo de pérdida de dinero en que se aprueban presupuestos para construcciones que no se hacen, se vencen los plazos y entonces deben volver a presentarse los proyectos, ser aprobados nuevamente y volver a intentarlo, esto ha pasado múltiples veces en el Casco Viejo de Panamá, un sitio que ha sido revivido a partir de la restauración de edificios y la venta de los mismos con el destino de transformar viejas viviendas en un centro de vida urbana y empresarial. Ciertamente se ha hecho un cambio significativo en los últimos diez años y el Casco Viejo panameño ha dado un giro realmente transformador, sin embargo, si vemos las estadísticas de la cantidad de edificios existentes para los cuales se han hecho propuestas importantes con altos presupuestos de por medio y la cantidad de edificios que realmente han sido restaurados y prestan los servicios que se acordaron, pues encontraremos que la realidad desmerece las ideas y que la burocracia puede ser el peor enemigo del negocio inmobiliario, incluso, el peor enemigo de la ciudad como tal.

A pesar del potencial desperdiciado, las pocas restauraciones hechas en el Casco Viejo claramente han dado un cambio de estatus al lugar, esto se puede apreciar en el flujo de personas que tiene a cualquier hora del día en relación con otros tiempos y con otras zonas de la ciudad, de manera que podemos apreciar cómo esta estrategia no sólo puede ser rentable a nivel económico, pues los inversionistas están constantemente buscando seguir restaurando esta locación a toda costa y tales edificios continúan produciendo dinero, sino que pone en valor la ciudad en general. Es un gran paso para la transformación urbana y la vida de las personas que habitan un espacio determinado.

Nadie pone en duda que restaurar edificios antiguos para su venta es un proceso sumamente delicado, pero es más relevante valorar la pertinencia de este proceso. Algunos políticos suelen dar beneficios fiscales a los propietarios de los edificios para promover la restauración, ya que sin duda es un cambio urbano que le conviene a todos, no sólo a los inversionistas que facilitan la situación, sino a los vecinos de la zona y a los habitantes del lugar en cuestión, pues le da un dinamismo que de otra forma sería imposible conseguir.

Capítulo 4: Apalancamiento inmobiliario.

Hay que tener en cuenta que invertir en inmuebles es una excelente forma de generar ingresos pasivos que podrán ser de gran ayuda para tu economía a largo plazo, es la manera más segura de resguardar tu dinero, a pesar de las fluctuaciones del mercado. Ahora, para hacer esto existen varias estrategias posibles de emplear para no solo guardar tu dinero en ingresos pasivos, sino para generar más dinero. Esto se puede lograr a través del apalancamiento financiero, proceso que explicaré paso a paso a continuación.

Para empezar, vamos a iniciar con una breve introducción sobre la definición propia del término "Apalancamiento", el apalancamiento es "la relación entre crédito y capital propio invertido en una operación financiera." Básicamente, el apalancamiento se fundamenta en el endeudamiento como estrategia para financiar una operación, esto trae sus riesgos, es verdad, pero también tiene (o puede tener) grandes beneficios de por medio. Sostener toda tu inversión en el apalancamiento te resta flexibilidad, un elemento esencial para cualquier inversión, pues te da elasticidad para operar libremente.

Por otra parte, es demasiado importante considerar los niveles de inflación a la hora de invertir a través del apalancamiento. Existen casos de personas que compran una vivienda invirtiendo menos de la mitad del dinero en efectivo como parte de su capital inicial y el resto lo invierten a través de un apalancamiento en forma de préstamo hipotecario, durante el tiempo en que tal propiedad es suya, la alquilan y de ese alquiler logran saldar su deuda hipotecaria más los intereses que se desprenden de esta y luego de un año (o el tiempo que los propietarios consideren adecuado, esto es solo un ejemplo ilustrativo) la venden y ganan miles de dólares en esa transacción. Si bien las ganancias pueden llegar a multiplicarse, así también lo pueden hacer las pérdidas, ya que influyen muchos factores sobre los cuales el inversionista no tiene demasiado control, por ejemplo, la inflación de un lugar, esto podría acabar con la inversión y generar pérdidas catastróficas.

También debes saber que hay muchísimos brokers irresponsables (ya nos extenderemos en la definición de broker y sus implicaciones en el mercado) que utilizan el dinero de otras personas para hacer estas transacciones buscando ganancias, todo esto sin tener que escriturar -un paso importantísimo del protocolo de compra y venta- y, aunque en momentos de gran solvencia y calidez del mercado, hacer esto podía generar ganancias en muy poco tiempo (estamos hablando de apenas minutos u horas) estas operaciones especulativas terminan rompiendo el sistema sobre el que se sustentan, así que es cuestión de tiempo para que se generen pérdidas enormes e imposibles de recuperar.

Entonces, debes saber que, en efecto, apalancar tu dinero puede generar más ingresos y reducir riesgos de pérdidas porque puedes ganar hasta el doble de lo invertido y todo esto, sin exponer tu capital de ninguna manera. Asimismo, tiene varios beneficios a nivel fiscal, si bien los dividendos no son desgravables, los intereses de tu financiamiento sí lo son y esto te puede ayudar bastante. También debes saber que la rentabilidad de tu dinero aumenta gracias a la tasa interna de retorno, entonces es una excelente estrategia para invertir y aumentar tus fondos.

Gracias al apalancamiento se pierde esto del intermediario que no tiene mucho que ver con los factores emotivos que motivan nuestra inversión, digamos la cercanía a un espacio o el vínculo afectivo a un lugar de vivienda o un espacio recreativo, sino que más bien cualquier intermediario que puedas tener en estas transacciones sólo existen para afirmar tus inversiones a modo de negocios rentables o no.

Lo más importante en este tipo de negocios es informarnos sobre si son convenientes o no, no tomará demasiado tiempo entender si hay que desechar o aprovechar la oportunidad y tendrás las condiciones para asegurar o incrementar tu capital, lo cual es sumamente ventajoso para los negocios.

Capítulo 5: Ser broker inmobiliario.

Si lo que realmente deseas hacer con tu carrera es ser tú mismo un broker inmobiliario y gestionar el capital de tus clientes de manera efectiva, debes seguir unos simples pasos que te asegurarán una carrera exitosa en esta área. Para empezar, todo depende de la realidad social, económica y política del país en que te encuentres, honestamente ser un broker inmobiliario independiente es más o menos fácil de acuerdo a tu contexto geográfico, ya que las legislaciones influyen muchísimo en tus dinámicas laborales.

Estados Unidos, por ejemplo, es un país que facilita este tipo de oficios gracias a las leyes y a los sistemas de bienes raíces que han establecido a lo largo de los años. De cualquier forma, en ninguna parte del mundo puedes llegar a ser broker inmobiliario de un día para otro, es uno de los escalafones en una carrera laboral que debes escalar paso a paso. Para ser broker inmobiliario debes tener una experiencia previa en el área, debes empezar trabajando como agente, cosa que lograrás -usualmente- luego de tener una licencia debidamente registrada, lo habitual es que un broker tenga una experiencia verificable como agente inmobiliario por al menos tres o cinco años.

Es pertinente empezar por explicar en qué consiste el trabajo de un agente inmobiliario y en qué consiste el oficio de un broker, así podrás visualizar tu futuro profesional inmediato, a mediano plazo y a largo plazo. Un agente inmobiliario se encarga de asesorar y facilitar transacciones entre compradores de bienes inmobiliarios. Debe gestionar todas las transacciones que se desprendan de esta área. Por otra parte, un broker se encarga de coordinar las operaciones y negociar entre los compradores y el agente, es decir, el broker es una especie de intermediario entre ambas partes, el intermediario que gestiona el capital.

Entonces, ya debe estar justificada la experiencia previa que se requiere para este tipo de trabajo, cualquier broker inmobiliario debe tener un amplio conocimiento de esta sector laboral, de otra forma se quedaría corto ante la cantidad de legislaciones, impuestos por pagar, capital por coordinar y todas las gestiones necesarias para vender cualquier propiedad, esto no es un negocio ligero, cuando hay dinero de por medio es necesario que no quede ningún cabo suelto y esto demanda preparación, tiempo y mucha, pero muchísima atención para poder realizar los procedimientos necesarios de forma correcta.

No es extraño que un broker y su grupo de agentes decidan trabajar para una gran empresa que les proporcionará redes de contactos y abogados que se encarguen del trabajo legal, todo esto a cambio de una comisión. Entonces, debes pensar en esto a la hora de emprender tu camino, ya que te verás compitiendo con estas empresas que tienen el dinero y los recursos para llevar a cabo sus procesos y tú tendrás que empezar desde cero. Hay países que, a diferencia de Estados Unidos, no tienen esta jerarquía laboral tan bien definida. Realmente, la globalización ha hecho que la terminología americana se haya expandido al resto del mundo, junto con el sistema americano a nivel de bienes raíces, pero otros países no tienen las leyes ni la educación para sustentar tal sistema, de manera que hay brokers que no han pasado por el proceso de ser agente por una cantidad determinada de años previos, sino que son los dueños de una inmobiliaria y realizan las funciones de broker.

Como podrás suponer, hay muchos países en los cuales los términos de broker y agente inmobiliario se confunden, incluso muchos podrían decir que son hasta intercambiables y podrían tener razón en tanto las acciones que realizan y cómo son percibidos por los clientes o inversionistas que buscan tales servicios, lo que debes tener claro es qué quieres hacer exactamente y así podrás crear un plan laboral lo suficientemente claro para sobrevivir las terminologías difusas de cualquier país.

Debes educarte en todo lo referente a contratos, pagos, impuestos, leyes, marketing, derechos, registros de propiedades, entre otros conocimientos esenciales para el desenvolvimiento de tu oficio en este sector laboral. De todas formas, no te preocupes demasiado por esto que no se generará de la noche a la mañana, lo podrás conseguir a través de la experiencia en el sector, siempre es bueno ir escalando de un trabajo a otro, pues es lo que te asegura la preparación para cuando la oportunidad se dé de forma ética. No te engañes al respecto, esto tiene una estructura más o menos piramidal y los brokers son la punta de la pirámide, de manera que llegar a ese punto requiere varias etapas laborales que conseguir conquistar, llegar sin estar preparado puede hacer que cometas errores trágicos con el dinero de otras personas, lo cual puede tener consecuencias legales. Nunca está de más realizar un curso para prepararte para el mundo laboral de la mano de excelentes profesores dispuestos a responder todas tus preguntas o inquietudes al respecto, además lo puedes complementar con pasantías o tus primeros trabajos que te brindarán la experiencia que necesitas en tus negocios.

Ahora, volviendo al tema del apalancamiento de dinero, cosa que muchas veces los compradores hacen por su cuenta y le apuestan a la buena suerte (o si tienen conocimientos previos, se basan en ellos), esto lo gestiona un broker. El broker gestiona el capital del comprador en relación con el capital bancario y coordina la ganancia de este, ya que al aprovechar el capital bancario, la rentabilidad del comprador aumenta significativamente. Estas no suelen ser operaciones rápidas, suelen tardar un tiempo y demandan paciencia de los brokers, así que si estás pensando coordinar transacciones apalancamiento con dinero de otras personas, siempre hazlo desde la calma y la tranquilidad, no hay ganancias inmediatas en este tipo de operaciones, así que tómate el tiempo de evaluar los riesgos posibles y sacar provecho de las oportunidades para ti y tus clientes, que son lo más importante.

Un broker eficiente, junto a su equipo de agentes, podrá encontrar buenas oportunidades en el mercado. Hay muchísimas propiedades que se venden por debajo del precio que realmente valen, sea por desesperación o porque deben salir de ella rápidamente para invertir en otro negocio. Pasar el tiempo necesario buscando este tipo de oportunidades es vital para tu negocio, asimismo, tener un capital en efectivo te ayudará a procurar estas oportunidades. Muchas personas están dispuestas a vender por debajo del precio que ofrecen inicialmente ante una oferta inmediata en efectivo, así que debes tener este recurso a la mano en cualquier momento, ya que con el tiempo esta propiedad puede revalorizarse y le puedes ganar el doble.

Ahora ¿qué pasa si la propiedad no se revaloriza? Este es uno de los riesgos a gestionar, uno de los cuales tú, como broker, debes evaluar de forma neutral y calmada, por esto es beneficioso que no lo hagan directamente los compradores, sino que tengan un intermediario que los ayude a sacar lo mejor de situaciones complejas de llevar. Lo ideal, en el peor de los casos, es salir de estas operaciones en break even, es decir, no terminar perdiendo ni ganando, sino al menos recuperando la inversión. Es importante que antes de invertir evaluemos si, en el peor escenario posible, la pérdida mayor nos dejaría en break even, en ese caso, es una inversión segura.

Hacer este tipo de transacciones con dinero de otras personas puede ser muy delicado, ser optimista no es un problema en sí mismo, pero sí puede ser problemático, es mejor ser realista con una orientación pesimista para prever cualquier inconveniente posible, los cuales pueden aparecer en cualquier momento. Es cierto que existe una relación proporcional entre la cantidad de fondos personales que cada persona invierte y la cantidad de ganancia por recibir, es una cuestión de gestión de riesgos y conocimiento de negocio, no hay que entregarse al azar, es un tema de observar los riesgos y la temperatura del mercado y sopesar tus posibilidades antes de dar el gran salto de aprovechar lo que los expertos llaman "el efecto apalancamiento" de una forma responsable.

De hecho, a la hora de gestionar los riesgos y apalancar dinero coordinando las gestiones de otras personas, el mismo broker puede ser quien preste el dinero del apalancamiento a cambio de una tarifa de interés. De alguna manera no es un "préstamo como tal" especialmente cuando se hace al por mayor, realmente es una garantía a los inversores del dinero que se estima que pueda perderse en la transacción, así queda todo saldado de entrada.

El mercado inmobiliario siempre ha sido un sector mucho más seguro para invertir que las bolsas de valores, tiene menos fluctuaciones y es una inversión, más o menos, estable. Sin embargo, nadie quiere engañarte para que inviertas, debes tener en cuenta toda la verdad de por medio. Lo cierto es que el sector inmobiliario también tiene sus variaciones, sin embargo, al no ser un mercado abierto, no se ven estas fluctuaciones como ocurre con las de las bolsas o las divisas, por ejemplo. Se dice que apalancar es realizar inversiones con un dinero que no nos pertenece, pero es más acertado decir que "apalancar es asumir un riesgo sobre un capital superior al que tenemos." Esa es la verdad detrás del apalancamiento, por eso debemos asesorarnos muy bien sobre quién nos está proporcionando ese capital, disponer un máximo de potencial pérdida y considerar la temperatura del mercado en estos escenarios de pérdidas o ganancias.

Debes plantearte cuánto puede caer el mercado inmobiliario en tu horizonte temporal próximo, no podemos asegurarte una cantidad mínima o máxima de cuánto sería buena idea apalancar en un momento determinado, ni siquiera una cantidad promedio de lo que se considera razonable para iniciar un proceso de apalancamiento, eso depende de cada transacción y de tu disponibilidad, objetivos y capital inicial, la pregunta es si crees que dispones de la liquidez suficiente para sobrellevar cualquier pérdida. Los expertos recomiendan un apalancamiento de 2x, es decir, la mitad o digamos, el doble del capital que vas a invertir.

Lo cierto es que todos pueden ganar a través del apalancamiento, en muchas circunstancias. El vendedor puede ganar si la propiedad se revaloriza (cosa que es "la norma" en muchas ocasiones) y además no tuvo que comprometer todo el dinero de su capital inicial, el banco definitivamente gana a través de los intereses de los préstamos, el broker puede ganar igualmente a través de los intereses y las comisiones, esto no sólo logrará que puedas financiar las operaciones que siempre has deseado costear, sino que puede ser una estrategia para generar más ingresos, independientemente de tu capital, sólo necesitas la visión y la voluntad de gestionar los riesgos en el horizonte temporal.

Define qué quieres lograr exactamente, si deseas aprender a vender tus propios inmuebles por tu cuenta a través de técnicas de apalancamiento o si quieres ser un broker profesionalmente y basar una carrera profesional en esta estrategia, todo es válido y puedes convertirlo en un estilo de vida o en algo temporal, de cualquier forma, debes definirlo y hacer un plan estratégico al respecto. Todo es válido en la vida y debes tenerlo claro desde un principio, siempre que desees cambiar el rumbo de tu carrera profesional, esta una vía rentable para hacerlo, pero nunca puedes sentir que es una apuesta segura, hay momentos para ser prudente y el apalancamiento es uno de ellos.

Cuando procesamos operaciones con el apalancamiento, debemos hacerlo siempre en un horizonte temporal ya estudiado previamente y tener una entereza emocional muy grande, por lo tanto, es importante que nunca utilices esta estrategia cuando estés desesperado o quieras generar ingresos rápidamente, estas son operaciones que toman tiempo, son inversiones a mediano o largo plazo, es muy extraño que ocurran de un día para otro, especialmente cuando son al por mayor pueden tomar meses o incluso un año, estamos hablando de grandes cantidades de dinero que tienen muchísimas legislaciones de por medio para poder ser efectuadas.

Conclusión.

Hay países como Estados Unidos o España que ya han vivido terribles crisis inmobiliarias que le hicieron perder dinero a muchísimas personas que creían que los bienes raíces eran la inversión más segura del mundo. Puedes ver esto como algo terrible que ya ha pasado o podemos tomar ese aprendizaje y aplicarlo para nuestros futuros negocios. Ahora sabes que, en efecto, el mercado inmobiliario tiene fluctuaciones como cualquier otro tipo de mercado, sin embargo, estas no aparecen de la nada, pueden predecirse también como tantos otros casos, digamos las divisas o la bolsa.

Así que, como con cualquier gran inversión, debes asesorarte con los mejores profesionales, debes buscar alianzas estratégicas de confianza, gente que puedas verificar y asegurar sus buenas intenciones y sus recursos intelectuales, que sean personas que realmente sepan de lo que hablan y tengas las competencias para guiarte en tu proceso de iniciación en este mundo profesional o, incluso, en estos negocios circunstanciales que estás emprendiendo en un momento determinado. Lo bueno de los bienes raíces es que no tiene por qué ser algo que tome demasiado tiempo de preparación en tu vida, no es una decisión para toda la vida, simplemente oportunidades de negocios que puedes o no tomar, de acuerdo a tus recursos y tu voluntad de cambiar el giro de tus ingresos a mediano y/o a largo plazo.

Así, puedes complementar tu carrera en bienes raíces con cualquier conocimiento previo que ya tengas en otras áreas de estudio, sería ideal tener conocimientos en publicidad y complementarlos con la experiencia adquirida en bienes raíces, así podrás procurarte la mejor publicidad en tus anuncios y darte a conocer para competir con grandes empresas de bienes raíces y posicionarte de manera eficiente. Empezar en el negocio de los bienes raíces no es tan sencillo, pero si algo tenemos claro es que la publicidad es la mejor forma de empezar a dar estos primeros pasos, aunque comenzar sea la parte más demandante, lo único que puedes hacer para ayudarte a ti mismo a competir en este sector es tener una excelente publicidad que te dé a conocer y poco a poco ir creando una red de contactos lo suficientemente sólida para sostenerse en el tiempo, independientemente de todas las fluctuaciones particulares y propias del contexto social o económico que estés viviendo, todo puede prevenirse y ser tomado en cuenta a la hora de invertir dinero.

Ya sabes que la publicidad es sumamente vital para este tipo de negocios y que esto tiene su plan estratégico independiente, la publicidad y el marketing son un mundo aparte con complejidades particulares que debes atender, no creas que las redes sociales al estar al alcance de todos no tienen sus protocolos a seguir y sus requerimientos publicitarios sobre los que debes informarte, eso no es así. En cualquier contexto, debes informarte de los requerimientos y cumplirlos totalmente, además de cumplir tu objetivo último que es atraer a las personas a tu negocio, esto debes hacerlo incitando curiosidad y desde un lugar de buen gusto y responsabilidad.

Como dijimos anteriormente, muchas personas venden falsas promesas cuando se trata de inmuebles, esto es algo que, si bien ampliará tu red de contactos, no creará una base sólida para el futuro, la verdad es que lo más valioso que tienes es tu credibilidad y debes valorizarla como tu divisa más rentable. Tómate el tiempo de tomar fotos decentes e integrarlas de forma complementaria con textos descriptivos bien redactados y lo suficientemente seductores para atraer personas que realmente estén interesados en comprar, personas con el capital necesario para apoyarte en tu negocio y tus inversiones. Al final, podríamos decir que todo el tema de la publicidad recae en un asunto de buen gusto, honestidad y criterio. Ayuda si ves la competencia y evalúas qué te gusta de ellos y qué podrías mejorar, siempre orientando tus anuncios a las ventajas de tus productos ofertados y cómo podrían cambiar la vida de tus clientes. Es importante comprender que cuando hablamos de inversiones grandes como bienes raíces, la gente invierte motivados por los beneficios que obtendrán y esto siempre está ligado a sentimientos (sentimientos de realización, de miedo, etc.) así que, si logras apelar a estos de manera efectiva, lograrás conseguir la red de clientes que tanto deseas.

Nunca debes mentirle a tus clientes en relación con las potenciales desventajas de los productos que estás vendiendo, toma en cuenta que ellos van a invertir grandes cantidades de dinero en el proceso y realmente valorarían un acercamiento completo a la propiedad, tal vez estén interesados en remodelar, como ya establecimos previamente, es un aspecto totalmente válido a la hora de invertir al por mayor, de hecho, muchos inversionistas adquieren propiedades en un estado relativamente precario por bajos precios, ya que quienes las están vendiendo no las valoran y desean deshacerse de las mismas. Así que, el valor de la locación y el potencial del área queda completamente ignorado y es, posteriormente, revalorizado por personas que tuvieron la visión de comprarlas a bajos precios, invertir un poco en retocarlas y venderlas por precios mucho más altos y ganar el doble o más de su inversión inicial.

En tal sentido, siempre hay que tener en cuenta que al hablar de bienes raíces no estamos hablando de "lugares en donde vivir" simplemente, estamos hablando de dinero, entonces, tu experiencia previa como propietario o el estándar de lugares en los cuales has vivido no tiene mayor incidencia en tu posición en el mercado inmobiliario, hay muchos otros factores que debes tener en cuenta primero, muy por encima de tu experiencia como propietario, inquilino o demás.

Por otro lado, si te da miedo dar el gran paso de invertir tus ahorros en bienes raíces o de cambiar toda tu carrera profesional para empezar a ser agente inmobiliario y posteriormente broker, podrías dar pequeños pasos en dirección al mundo de los bienes raíces, por ejemplo, podrías invertir en un fideicomiso de inversiones inmobiliarias, lo cual es invertir en acciones de empresas que posean bienes raíces comerciales, no es exactamente tener bienes raíces, pero irás obteniendo beneficios, pues se supone que tienden a recibirse grandes dividendos de estas operaciones e inversiones y te irás empapando en este mundo, haciendo contactos y entendiendo cómo se gestiona el capital.

El mundo de los bienes raíces es muy complejo y a la vez muy simple, todo se trata de gestionar los riesgos de manera responsable y la vez, valiente. Si tienes las competencias para lograrlo, puedes lograr lo que sea, realmente involucrarte en este mundo laboral cambiará tu vida a niveles que no te esperabas, aprenderás a hacer estrategias que funcionen a nivel personal, desechar sin miramientos las que no, aprenderás a crear alianzas que puedan potenciar tus recursos, sabrás valorar aquello que aparentemente no tenga valor para los demás, verás el potencial y entenderás cómo invertir en función de lo que puede ser y no sólo lo que es, ya que la estaticidad del mercado es una ilusión, así como la fachada de cualquier edificio. En tal sentido, te deseamos suerte en tus negocios y en tu vida y que todo lo aprendido sea de gran utilidad para tu futuro, recuerda que todo es recuperable y que siempre hay nuevas oportunidades a la vista, si aprendes a mirar entre las líneas de los contratos por venir.

Nos interesa mucho ver como personas como tú crecen diariamente con este tipo de información. Muchas personas deciden hacer otras cosas y desperdiciar su tiempo con banalidades. Pero tú has llegado hasta aquí. La pregunta es: ¿qué vas a hacer con toda esta información? ¿Deseas mirar hacia adelante y motivarte por todo lo que tienes por construir, o tal vez mirar el siguiente libro que quieres leer y no accionar con todo este conocimiento? Te invitamos a que persigas todos tus ideales, todos tus sueños y nunca mires atrás para arrepentirte de las cosas que dejaste pasar, o el tiempo que no puedes recuperar. Nunca es tarde para seguir creciendo, para seguir desarrollando tu potencial. Nunca te detengas.